DÉCOUVREZ LE JEUNE

WILSON THELIMO LOUIS

PARCHEMIN POLITIQUE

SOMMAIRE

PRÉFACE

Je publie ce livret pour partager la marche à suivre de mon parcours politique à la députation en Haïti aux jeunes qui aspirent à s'affronter aux élections législatives comme moi. Quand j'ai été candidat, je n'avais pas trouvé d'appuis auprès des dirigeants politiques haïtiens vis-à-vis de leurs expériences précédentes pour guider mes pas.

En tant que jeune chercheur et créatif, j'ai élaboré ma propre stratégie pour faire véhiculer mon message et vendre mon discours sociopolitique. Voilà pourquoi je me donne le devoir de partager ce document qui étale quelques idées de projet que j'ai eu. Je faisais de cette guide mon porte-voix tout au long de ma campagne électorale et l'avais partagée aux membres des comités de mon équipe de campagne pour bien assimiler ma vision au parlement.

Je crois qu'elle peut aussi aider les futurs candidats à mieux améliorer leur projet de candidature. Ce parchemin est un introuvable des anciens candidats haïtiens à tous les niveaux dans le pays. A la fin de cet ouvrage, je me fais l'honneur de redonder ma doctrine littéraire qui a comme philosophie « de faire l'encadrement de soi, par soi et pour soi » en vue faire chanter la poésie et la nouvelle Haïti dans l'esprit de tous.

LETTRE DE DEMANDE D'AIDE

Aimables Amis, Amies,

Concitoyens, Concitoyennes,

Membres de la famille sociale,

Nous avons l'honneur de venir solliciter auprès de votre haute bienveillance la faveur de nous donner un coup de pousse éventuel dans notre projet de candidature à la députation.

Nous disposons d'une longue expérience professionnelle et sociopolitique remplissant toutes les conditions pour accéder au parlement de notre pays avec comme appuis notre parti politique.

Nous espérons être à la hauteur de vos attentes. Veillez agréer, aimables compatriotes, l'expression de nos sentiments les plus distingués.

Wilson Thélimo LOUIS,

Candidat à la députation pour la circonscription des Cayes et de l'Ile à Vache.

ALLOCUTIONS

Chers concitoyens, électeurs, électrices :

Aujourd'hui vous êtes appelés aux urnes à l'occasion d'un « nouveau » rendez-vous patriotique pour nos communes : celui de l'élection de votre futur député Wilson Thélimo LOUIS. Nous disons « nouveau », car pour la première fois, les jeunes des Cayes et de l'Ile-à-Vache vont élire un représentant au parlement directement issu de leurs populations. Certes, cette élection est complexe. Nous avons tellement de candidats réellement, mais nos réalités et nos enjeux sont si différents. Voilà un défi majeur pour votre futur député: celui de faire de l'encadrement de soi, par soi et pour soi.

Nous allons unir nos forces pour la promotion de

la jeunesse, l'inclusion et la cohésion sociale.

Nous sommes la jeunesse, la plus grande force !

Avec nos futures ASEC, CASEC et Délégués de Ville, nos Magistrats, Sénateurs, notre Président de la République et nos pairs-conseillers qui nous accompagneront dans ce grand combat, nous avons pris la décision historique de renforcer notre parlement à un niveau que nos deux communes n'avaient jamais pu atteindre auparavant. Les ministères, les organisations de base, soutenus par le pouvoir du grand Dieu de l'univers, nous avons pris cette décision parce que nos destins sont liés en tant que jeunes et que nous sommes des ressources indispensables en matière de développement économique, social, culturel, de sécurisation et de relation avec le monde entier grâce à la nouvelle technologie que nous avons en main. Que nos collectivités partagent les mêmes intérêts et les mêmes responsabilités.

Nous sommes la jeunesse, la plus grande force !

Au seul nom de l'intérêt général et pour vous tous, électrices et électeurs de nos communes et nous-mêmes, étant convaincu que nous avons la potentialité de devenir tout ce que nous nous déterminons à être, ayant eu un corps, un esprit et un intellectuel, nous prenons la décision solidaire et solennelle d'œuvrer à l'essor de notre beau pays ; Haïti chérie, le paradis négligé. Nous nous engageons sur les axes et fondements qui ont retenus dans l'élaboration de notre programme conjoint avec vous et l'appui de notre parti politique. Comme l'a dit Aristote : la loi c'est le produit de la société. Selon un adage créole : « bourik fè pitit pou do 1 poze ». Pourquoi pas de relève chez nous ? Nous sommes en plus grand nombre à travers le monde, l'Etat devrait être nous, si les patries poches haïtiennes faisaient vraiment leurs travaux. Justin Lhérisson avait-il raison d'inspirer : Pour le pays et pour nos pères, formons des fils. Libres, forts et prospères, toujours nous serons frères ? Bien sûr ! Ce n'est pas de littérature, l'hymne nationale d'Haïti est réelle. Marchons unis, marchons unis, l'union fait la...force !, l'union fait la force ! Menm wozo ki kouche: drese. Katastwòf natirèl pase: nou kanpe. Et alors, le pays peut être sauvé, oui, Haïti peut être guérie!

Nous sommes la jeunesse, la plus grande force !

Si nous jetons un coup d'œil en France : les représentants du peuple français, constituent en assemblée nationale le 26 aout 1789, considérant que l'ignorance, l'oubli, ou le mépris des droits de l'homme sont les seules causes de malheurs publics et de la corruption des gouvernements, ont résolus d'exposer dans une déclaration solennelle: Les droits naturels, inaliénables et sacrés de l'homme. Cette déclaration prône l'intégration de la jeunesse, elle stipule que les hommes naissent et demeurent libre et égaux en droit. Les distinctions sociales ne peuvent être fondées que sur l'utilité commune. Ces droits sont la propriété, la liberté, la sureté et la résistance à l'oppression. Le principe de toute souveraineté réside essentiellement dans la nation. La loi c'est l'expression de la volonté générale. Tous les citoyens étant égaux à ses yeux, sont également admissibles à toutes les unités, places et emploies publiques. Et si nous regardons dans l'article 1er de notre loi mère ? La souveraineté est nous.

Nous sommes la jeunesse, la plus grande force !

Ce nouveau combat électoral de la jeunesse haïtienne répond à une démarche d'engagement pour nos communes et non d'ambition personnelle. Nous sommes candidats à ces élections législatives, animés de la détermination que vous nous connaissez à porter une vision politique différente, juste, au service toujours de l'intérêt général et du progrès collectif pour notre circonscription. Ayant travaillé comme bénévole ou volontaire dans plusieurs institutions que fréquentent les jeunes depuis notre enfance, soit au niveau universitaire, professionnel, secondaire, primaire, religieux, associative et autres ; durant toute notre carrière, aucun candidat n'est jamais venu auprès de nous pour nous intégrer ou nous demander de nos points de vue sur leurs travaux en perspective à travers des séances de débat. Nous croyons que c'est pour la première fois, les jeunes des Cayes et de l'Ile-à-Vache vont se mettre en forum constamment pour penser et panser leur société qui est malade. On doit ajouter que notre candidature fera de chaque jeune de notre circonscription un député.

Nous sommes la jeunesse, la plus grande force !

Les évènements des dernières années, le contexte de crise mondiale qui frappe notre pays de plein fouet, nous poussent à avoir une lecture réaliste du monde qui nous entoure. Cette fonction de député que nous briguons aujourd'hui, nous l'envisageons comme une mission d'engagements et d'actions dans notre circonscription pour Haïti. Nous savons le désarroi de nos populations pour la chose politique, de nos électeurs, fatigués de vaines promesses électorales. De notre côté : c'est un véritable contrat, avec obligation de résultats, que nous souhaitons passer avec les électeurs des Cayes et de l'Ile-à-Vache pour les quatre prochaines années. Nous ne transigerons pas avec nos principes : transparence, combativité et exemplarité sont les mots d'ordre de notre engagement politique, en tant qu'élu local et comme votre sénateur départemental demain. Nous avons confiance en l'avenir de nos deux communes, nous avons confiance en vous chers jeunes comme moi!

Nous sommes la jeunesse, la plus grande force !

NOS PRIORITÉS

Nous ferons notre cheval de bataille du rétablissement de votre confiance à travers les grands axes qui sont le fil conducteur de notre vision pour cette 50ème législative :

- Rétablir la confiance dans l'haïtien
- Rétablir la confiance dans la jeunesse
- Rétablir la confiance dans la vie politique, dans nos élus locaux et nationaux
- Rétablir la confiance dans nos institutions garantes de notre Constitution
- Rétablir la confiance dans l'économie haïtienne.

Nous sommes la jeunesse, la plus grande force.

L'ÉDUCATION, LA FORMATION ET LA JEUNESSE

La jeunesse constitue un atout majeur pour le présent et l'avenir de nos collectivités. Les jeunes des Cayes et de l'Ile-à-Vache veulent réussir et se faire une place dans la société. Ils sont nombreux à s'engager dans la vie économique, associative ou dans des actions citoyennes, contribuant ainsi à construire pour demain. Nous tous, responsables politiques, parents, acteurs de la vie associative, éducative ou professionnelle, sommes convaincus qu'il est possible de mettre en œuvre, avec pragmatisme et détermination, des solutions qui donneront à notre jeunesse la place qui lui revient dans notre société.

Les fractures qui divisent la société locale sont encore plus cruelles pour les adolescents et les jeunes adultes. Plus que leurs aînés, ils sont victimes de la précarité de l'emploi, des discriminations à l'embauche, des difficultés de financement et d'accès à la formation, etc. Pour les aider à surmonter tous ces obstacles, il est indispensable de leur laisser toute la place qui leur est due, leur apprendre à diriger depuis dans leurs jeunes âges, leur donner la parole, afin que les décisions et les actions qui les concernent soient construites avec eux (twòp moun ki pa konn reyalite jèn ap pran pòz y'ap pote doleyans lajnès). C'est le rôle du gouvernement, donc de l'ensemble des parlementaires et des responsables politiques locaux. Les questions de l'emploi, de la formation et de l'insertion professionnelle de nos jeunes sont naturellement au cœur de nos priorités. Élu député :

- Nous interpellerons le gouvernement sur la nécessité d'accompagner les élus locaux, les autorités, les acteurs du monde de la formation afin de créer le développement et l'apprentissage dans nos deux communes et Haïti.

- Nous demanderons que les moyens nous soient donnés afin d'inciter les organismes et établissements publics et privés à embaucher des jeunes à tous les niveaux dans le pays.

- Nous nous battrons pour permettre la création d'un organisme paritaire indépendant de collecte des fonds de la formation professionnelle continue.

- Nous combattrons à ce que nous ayons un campus universitaire dans notre circonscription. Cela va de pair avec la lutte contre le décrochage scolaire et la lutte contre l'illettrisme et nous demanderons au Ministre en charge de l'Éducation Nationale de nommer une commission d'enquête pour enfin identifier les vraies causes de l'échec scolaire dans notre circonscription et pour définir les moyens à mettre en œuvre pour garantir à nos enfants une éducation de qualité, prenant en compte notre situation linguistique, parlant de notre langue vernaculaire.

Nous sommes la jeunesse, la plus grande force.

LA SITUATION ECONOMIQUE DES CAYES ET DE L'ILE-A-VACHE

La situation économique aux Cayes et à l'Ile-à-Vache n'a cessée de se dégrader depuis ces dernières années. Les conséquences sociales et sociétales se traduisent au quotidien par l'accroissement d'un chômage endémique et le développement de la précarité chez les populations les plus fragiles, la fermeture de nombreux commerces, parlant de la centrale sucrerie de Dessalines, la diminution des immatriculations de nouvelles entreprises, le paiement de certains impôts locaux qui désert d'autres départements et l'augmentation des dépôts de bilan. Élu député, nous interpellerons le gouvernement sur :

- L'amélioration, le renforcement, la réhabilitation et la sécurisation des pôles touristiques de notre circonscription.
- L'aide aux entreprises et aux commerces
- La formation de haut niveau pour permettre l'accès de nos jeunes à des emplois qualifiés.

Nous sommes la jeunesse, la plus grande force.

LES SECTEURS DE L'AGRICULTURE, DE LA PÊCHE ET DU DÉVELOPPEMENT DURABLE

Dans notre collectivité, force est de constater que les secteurs de l'agriculture, l'élevage et de la pêche, qui sont partout ailleurs des secteurs productifs, susceptibles d'assurer une certaine autosuffisance alimentaire et particulièrement générateurs d'emplois qualifiés, sont oubliés dans la mise en œuvre et la définition des politiques publiques. Dans notre collectivité, ce secteur représente un potentiel totalement sous-exploité depuis des années. En effet, les denrées agroalimentaires consommées sur notre territoire, représenterait un chiffre très élevé. Et pourtant, nous ne manquons pas d'atouts. Élu député, nous travaillerons de concert avec les ministères concernés pour :

- Accélérer et amplifier le processus du «Zonage» et la protection des terres à vocation agricole dans nos Collectivités.
- Mettre en œuvre la procédure de récupération et mise en valeur des terres incultes.
- Moderniser la pèche et mettre en place une organisation syndicale de pécheurs.

Nous sommes la jeunesse, la plus grande force.

LA FISCALITE DE NOS COLLECTIVITES

Situées au milieu de la mer en tant qu'ile et dans la zone côtière, nos communes bénéficient aussi de larges compétences dans le domaine fiscal. Nous allons travailler au renforcement des moyens humains et techniques au bénéfice de la taxe foncière dans notre Collectivité. Nous devrons avoir un relais fort aux Cayes et à l'Il-à-Vache pour défendre les dossiers délicats autant qu'urgents pour le redressement de nos finances dans la circonscription.

Élu député, nous accompagnerons nos collectivités pour permettre et faciliter la renégociation avec l'État en matière de transferts des compétences ou de recouvrement de l'impôt.

Nous sommes la jeunesse, la plus grande force.

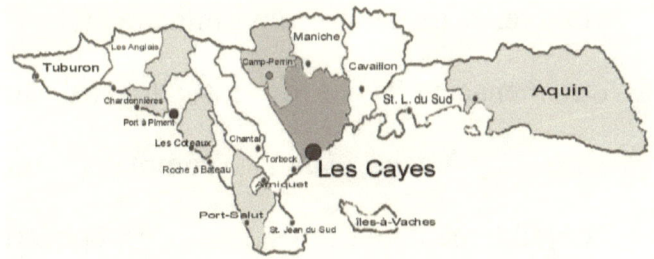

LA SANTÉ PUBLIQUE

Ayant eu une bonne connaissance du milieu, parlant de la réalité sanitaire en matière d'eau potable, d'irrigation, environnemental et autres qui menacent la vie de nos citoyens, surtout à l'Ile à Vache, nous comptons travailler conjointement avec les instances concernées à améliorer la santé de nos populations, développer la présence d'acteurs dans le secteur médico-social, mieux sécuriser les évacuations sanitaires, faire progresser l'offre des soins hospitaliers, développer la coopération sanitaire, améliorer la gestion des appels d'urgence, seront quelques-unes de nos préconisations à observer.

Élu Député, nous interpellerons le gouvernement pour :

- Permettre une véritable coopération en matière de santé avec les communes voisines.
- Doter nos organismes gestionnaires des moyens nécessaires et légaux pour lutter efficacement contre les abus et les fraudes qui obèrent et qui menacent de mettre en péril notre système de protection sociale.

Nous sommes la jeunesse, la plus grande force.

EN MATIÈRE D'INSÉCURITÉ

Si les chiffres de la délinquance sont bien meilleurs aujourd'hui, grâce au travail de nos forces de l'ordre, le sentiment d'insécurité persiste quand même, notamment aux Cayes.

La sécurité est l'affaire de tous : la sécurité des personnes, des institutions et des biens doit être assurée sur notre territoire. Élu député, nous ferons notre cheval de bataille de ces dossiers :

- Le renforcement des moyens humains et matériels pour la lutte contre la criminalité organisée

- Le maintien de l'ordre public
- Nous nous battrons également pour aménager les prisons desservant les populations carcérales dans nos deux collectivités et renforcer les processus de resocialisation et de réinsertion des jeunes détenus.

Nous sommes la jeunesse, la plus grande force

COMITÉS DE CAMPAGNE

A) Le Comité Exécutif

Ce comité comprend les responsables des différentes cellules et ses conseillers spéciaux. Ce comité définit la stratégie globale de la campagne.

B) Le Directeur

C'est la personne clé de l'équipe qui aura la responsabilité du management quotient de la campagne, du respect du calendrier et du suivi des activités de toutes les cellules.

C) La Cellule d'administration

• Cette cellule s'occupe de mettre en place et de gérer le secrétariat, la réception, l'intendance et la sécurité du quartier général.

• Cette cellule coiffe la comptabilité, c'est-à-dire la gestion des fonds de la campagne (réquisition, achat et tenue des livres)

D) Cellule de Communication

Le responsable de cette cellule coiffe les activités de marketing, de medias sociaux et de relations avec la presse. De façon générale, cette cellule doit réaliser une série d'activités de visibilité du candidat avant et pendant la campagne. Le succès de la campagne du candidat dépend essentiellement de la capacité de la cellule de Communication à camper une campagne promotionnelle du candidat.

La responsabilité de la cellule de Communication de Campagne du candidat :

a) Le branding du candidat, c'est-à-dire : la gestion de son image.

b) Le massmailling de post, d'articles favorables aux candidats touchant une large population.

c) La conception et la réalisation d'une presse kit qui est un document illustre de toutes les découpures de journaux se référant au candidat.

d) La conception et le placement des bilboards

e) La réalisation de spots radio et d'une jungle

f) La réalisation et la diffusion d'un court métrage de 15 min sur le candidat

g) Le placement avec digicel ou natcom des robocall

h) L'identification des abonnes de natcom et digicel par par département et commune

i) Le placement d'encarts dans le nouvelliste

j) La négociation des TV banners

k) La couverture par la presse de toutes les activités du candidat

l) La définition d'un agenda d'intervention sur les medias

m) La mobilisation des jeunes dans un comité de MEDIAS SOCIAUX

n) La mise en place d'une commission de volontaires pour distribution de flyers dans les magasins du pays

o) L'organisation de conférence du candidat dans les écoles et lycées du pays

p) La création de 50 comptes Facebook et whatsapp pour chaque commune pour dissémination quotidienne de post et occupation de la toile par un message positif en faveur du candidat.

q) Conception des posters et affichage

r) Conception des autres items publicitaire (maillots, chapeaux)

E) Responsable des media sociaux

• Conception et feedback des pages Facebook, twiter, instagram et du site web/ blog.

• La prise de photos et d'images devant alimenter les medias sociaux

• L'identification quotidienne des liens à mettre sur les medias sociaux par le candidat

F) La cellule « relation presse »

a) Prévoir un diner avec les patrons de presse

b) Prévoir une visite de personnalisée du candidat a tous les patrons de medias

c) Organiser des rencontres avec des leaders d'opinion.

d) Planifier les interventions des candidats sur les différents medias

e) Définir avec le directeur de campagne les éléments de langage (talkingpoints) pour les différentes interventions

f) Obtenir des supporteurs de la campagne des articles endossant la campagne du candidat à poster sur medias sociaux et à publier sur le nouvelliste

G) La cellule « finance/fundraising »

Les responsables de cette cellule s'occupent de trouver des fonds pour le financement de la campagne à travers :

¬ L'organisation de diner et rencontre fundraising avec différents groupes du secteur des affaires

¬ La négociation avec des fournisseurs de donations en biens ou services à la campagne

¬ L'organisation d'un tour en diaspora pour recueillir des fonds des haïtiens vivant à l'étranger

H) La cellule « juridique »

S'occupe de tous les aspects légaux de la campagne y compris :

- L'obtention de tous les documents requis par la loi électorale pour déposer au CEP et faire accepter la candidature
- L'identification de tout vice de forme par les autres candidats le jour des élections
- La prise de contact avec le CEP pour identifier les juges de paix
- Cette cellule analysera pour le comité exécutif la loi électorale et fera valoir les droits du candidat tout au long de la campagne et surtout le jour du scrutin de

même qu'elle veillera à la légalité des actes du candidat.

I) La cellule « mobilisation »

Sera surchargée d'un ensemble d'activités devant assurer au candidat une présence active partout :

- L'identification d'une coordination, des têtes de pont et leaders dans chaque section communales devant servir de représentant dans la zone.

- Les responsables de cette cellule organisent la logistique des interventions du candidat

- Cette cellule dresse une base de données des sympathisants et potentiels votants avec leurs numéros de téléphone, email et adresse

J) La celle « intelligence »

S'occupe de tous les aspects liés à la sécurité c'est-à-dire :

- Les relations avec la PNH ainsi que les commissaires pour l'encadrement du candidat au besoin

- Les relations avec les délégués de ville dépendant du ministère de l"intérieur

- Les relations avec le responsable de la sécurité du CEP

- Les relatons avec les gardes électoraux et les policiers affectés aux bureaux de vote

- Les relations avec les Agents de terrains qui sont des embrigades de la campagne affectes aux taches de combats sur le terrain

K) La cellule agenda (scheduling & advance)

Est dédiée à la mise sur pied d'un agenda quotidien des activités du candidat. L'équipe responsable planifie de manière stratégique et de concert avec le responsable de la cellule de mobilisation :

- Les visites de terrain du candidat
- Les interventions à la radio et dans les medias
- Les prises de parole dans des évènements identifiés par le comité exécutif ou le candidat (invitation de groupe de jeunes, de pasteurs, d'églises, d'écoles et de tête de ponts, etc.)

L) La cellule de proximité jeunesse :

- Qui s'occupe de susciter les intérêts de la jeunesse pour le candidat, cette cellule organise des évènements et rencontre dans le quartier général du candidat pour les jeunes, surtout des jeunes professionnels, universitaires et diplômés etc.

- Cette cellule va alimenter le contenu des pages Facebook, les jeunes qui appuient le candidat.

- Cette cellule montera un groupe d'appui au candidat.

ITIAHAÏTI

Dans une période où la littérature haïtienne est presque passée au grand trépas, des jeunes écrivains se voient bon de lutter pour la rénovation des belles lettres haïtiennes. À la recherche d'une identité nationale, les itiahistes se sont réunis autour d'une organisation littéraire dénommée ITIAHaïti ou Innovation du Territoire par les Itiahistes Actifs d'Haïti. On croit que c'est le premier courant littéraire haïtien du 21ème siècle naissant d'un groupe de jeunes écrivains engagés, acceptant de se sacrifier et lever leurs mains pour dire non à toutes dérives qui se produisent au cours de leur existence.

D'où la doctrine d'itiahisme, organisation littéraire apparu le 12 juillet 2008 avec des jeunes poètes formant un club littéraire pour faire chanter la poésie et le théâtre dans la ville des Cayes. L'idée s'élargit sur les réseaux sociaux pour donner naissance à une école littéraire exaltant le terroir haïtien. La raison d'être d'ITIAHaïti est d'éclater la clarté d'un courant littéraire qui puise, qui traduit et qui reflète toutes les réalités d'Haïti en raison des constatations critiques à l'originalité de l'art. Elle promeut une littérature saine, nette et propre tout en prônant une poésie novatrice mettant en scène les idéologies contemporaines au même titre que l'évolution de la matière.

L'itiahisme se repose sur la croyance des belles lettres et l'encadrement de certaines formes d'associations œuvrant à l'essor de la culture haïtienne. Ses théoriciens visent à faire du territoire une source d'inspiration saine. Les itiahistes libèrent leur plume pour peindre la réalité de leur pays en mettant l'accent sur les faits divers qui se produisent dans la société. Selon eux, l'histoire ne peut être embellie sans les nuances, ni les cohérences sociales et sociétales. L'itiahisme parcoure des idées dans l'atmosphère morale en vue de synchroniser l'être et la patrie. Sa philosophie d'encadrement de soi, par soi et pour soi se repose sur l'être humain comme étant le dieu de son ciel et miel de son abeille pour s'autonomiser du vrai sens de son existence. Sa doctrine de faire de l'homme et la femme les matériaux de leur chef-d'œuvre lie tous les courants littéraires et philosophiques des siècles qui se questionnent sur l'extase du surréel. L'histoire de l'itiahisme est complètement inséparable de celle d'Haïti où elle s'est issue. Elle se synchronise avec la première République nègre indépendante, l'état d'une actuelle souveraineté piratée et l'avenir d'une puissance mondiale. Sa perception est purement pragmatique dans la mesure où toute réussite ne dépend que de soi.

L'itiahisme serait sûrement acceptable si elle avait comme conséquence immédiate l'action d'éliminer de l'histoire les intrus des philosophies de toutes doctrines maîtresses, de leurs mœurs, et de leurs coutumes qui font d'une part, la base de la croyance haïtienne et d'autre part, le pouvoir de mondialiser le créole haïtien entant que langue révolutionnaire. Les itiahistes ne se laissent influencer d'aucune autre culture. Les itiahistes pleurent pour promouvoir les belles œuvres haïtiennes à l'échelle nationale et internationale. Leurs extériorisations s'exercent sur chaque faculté comme l'esprit sur la chair et s'oriente vers la voie droite pour qu'elles ne s'égarent pas. Les écrivains dudit courant ne font pas de rivalité philosophique entre eux, ces patriotes sont synthétique, focus et esthétique. Ce sont des penseurs qui parlent moins et disent plus. Cette doctrine tend à défendre une littérature typiquement haïtienne axée sur l'universalité. L'idéal d'itiahisme se résume dans le combat pour la promotion, la libération des nègres et l'indépendance des peuples tout en faisant des belles œuvres le parchemin du progrès et du changement radical. C'est une forme de militantisme considérant comme étant une arme face aux puissances dévastatrices qui plongent le pays dans un chaos intellectuel, où les fils d'Haïti se voient dans l'obligation de s'exoder* à la recherche des besoins primaires. Ce qui pousse la jeunesse, force vivante, l'énergie et la semence de cette terre ancestrale à se désintéresser de sa propre culture.

Les itiahistes sont des combattants à l'outrance

pour la liberté et le respect scrupuleux de la personne humaine. Pour eux, défendre leur identité culturelle en littérant est l'une des stratégies gagnantes d'éduquer et d'initier une élite pour sauver leur patrie. Décrire la misère d'un peuple zombie de leur époque à travers ses œuvres et exalter la beauté de ce qui leur reste de bon est un atout psychologique pour motiver la plus grande nation mondiale de 1804 à reprendre son flambeau. Ainsi, ces enthousiastes s'alarment pour réveiller la poésie, redorer les paysages, chanter leurs payses, faire de leurs plumes une thérapie pour les traumatisés (es) et un assaut contre les patrie-poches*.

L'itiahisme n'est ni un poème, ni une pièce de théâtre, ni un roman non plus. Étant créatif et créative, l'itiahiste adopte son propre style et est libre dans son œuvre. L'itiahiste n'écrase pas, mais construit. L'itiahiste ne fait pas que reprocher, mais conseille. L'itiahiste ne déforme pas, mais transforme. L'itiahiste ne fait pas que manifester contre, mais propose et s'impose. L'itiahiste déshabille en caressant, harmonise et se perfectionne en tout. Somme toute, l'itiahisme fait un trait d'union entre un passé délaissé, un présent alarmé et un futur endeuillé pour construire la société haïtienne.

Poète Wilson Thélimo Louis,

Le Chef de file d'ITIAHaiti.

BIOGRAPHIE

KÒT-A-KÒT pour la promotion de la jeunesse, l'inclusion et la cohésion sociale.

Ancien candidat à la Députation de la 50ème législature pour la circonscription des Cayes et l'Ile-a-Vache en 2015, aspirant candidat au Sénat de la république d'Haïti pour le département du Sud en 2016, le poète et dramaturge Wilson Thélimo LOUIS est né à l'Anse d'Hainault, dans le département de la Grand'Anse le 3 juillet 1986. Il est formateur en gestion des conflits, planification stratégique et coach en développement personnel.

Wilson a complété ses études primaires à l'Ecole Saint-François d'Assise de l'Ile-a-Vache et ses études secondaires au Lycée Philippe Guerrier des Cayes. Il a décroché un diplôme en communication sociale au Centre d'Education et de Formation Technique des Cayes, et est gradué en sciences juridiques à l'Ecole de Droit et des Sciences Economiques des Cayes (EDSEC) de l'Université d'Etat d'Haïti (UEH). Arrivé au Massachussetts en octobre 2016, il a obtenu un certificat d'auxiliaire infirmière à l'école K&K à Brockton tout en perfectionnant son niveau d'apprentissage en anglais à la bibliothèque d'Hyde Park, Boston. Il a complété ses études de para-juriste à Boston University, et également étudié la réalisation de films et la production des vidéos à Community Supported Film, ainsi que les services sociaux au Goodwill à Roxbury.

Depuis son enfance, Thelimo développe une passion pour la créativité, l'activisme et le volontariat. Il est le Chef de file de l'itiahisme, la doctrine littéraire d'Innovation du Territoire par les Itiahistes Actifs d'Haïti (ITIAHaïti) ; Directeur Exécutif de l'Institut Professionnel de Formation Adaptée en Communication (IPFAC-Haïti) ; l'un des initiateurs du Réseau National des Jeunes Volontaires d'Haïti (RNJV-Haïti) et membre fondateur du Centre Haïtien d'Action Humanitaire en France (CEHAH-France). Il était le coordonnateur départemental sud du parti politique Konbit pou Rekonstwi Haïti (KOREH), Président du Parti Démocrate-Chrétien Haïtien (PDCH) et responsable à l'organisation au Parti

FUSION des Sociaux-Démocrates Haïtiens dans le sud.

Entant que jeune volontaire, Louis a œuvré comme ambassadeur des Droits de l'homme et responsable de la communication à l'Amicale des Juristes dans le sud ; encadreur de jeunes et agent de terrain au Volontariat pour le Développement d'Haïti (VDH) en partenariat avec le Programme des Nations-Unis pour le Développement (PNUD); Promoteur en don de sang au Programme Santé et Information (PSI/Haïti) ; Volontaire et enquêteur à l'Institut du Bien-être Social et de Recherche (IBESR) de concert avec l'UNICEF; ambulancier à la Croix-

Rouge Haïtienne (CRH) ; facilitateur d'atelier littéraire à l'Alliance Française des Cayes (AFC) ; Animateur d'émission à la Télérik Star 9 ; Présentateur d'émission à la Radio Men Kontre (RMK) ; délégué départemental du sud de la Fédération Haïtienne des Associations et Institutions des Personnes Handicapées (FHAIPH) ; et spécialiste d'aide à l'autonomie à l'Eglise de Jésus-Christ des Saints des Derniers Jours pour le sud et la Grand'Anse. Wilson Thélimo Louis bénéficie de nombreux séminaires de formation auprès de ces organisations, ensuite travaillé conjointement avec la Mission des Nations Unis pour la Stabilisation en Haïti (MINUSTHA), les Scouts et le Ministère de la Jeunesse, des Sports et

Action Civique (MJSAC) dans le cadre des activités de formation, culturelle, sportive et communautaire avec la Francophonie en Haïti.

Suite à ses candidatures aux élections en Haïti et en raison de son appartenance politique, il a été persécuté pour sa position à dénoncer le mauvais traitement de la personne humaine, promouvoir la jeunesse, l'inclusion et la cohésion sociale à tous les niveaux dans les secteurs de l'Etat en Haïti. Son aspiration à unifier Haïti a été anéantie par des menaces de mort, guet-apens, du stress et des appels téléphoniques constants pour rejoindre le gouvernement et les partis politiques de l'opposition.

Arrivé aux États-Unis en août 2016, il a acquis la motivation qu'il avait autrefois et souhaite mieux s'instruire pour desservir les autres. Il partage ses talents littéraires à travers des émissions de radio et télévision, puis continu ses travaux bénévolats avec des organisations à but non lucratifs comme la Catholic Charities, Nehemiah Projetc for Hope, Haitian Youth Connection et Haitian American United à Boston dans le cadre des activités sociocommunautaires, politiques et culturelles. En tant que jeune itiahiste* engagé, il sait qu'il est capable d'atteindre ces objectifs. Plus important encore, il a une grande passion et croit qu'avec une éducation, tout est réalisable.

DU MEME AUTEUR

- *INCONVENIENTS POUR LES ORATEURS NOVICES SELECTIONNES,* Livre de Communication
- *AN NOU RETOUNEN LAKAY,* Pwezi
- *TEST MY PEN,* Poems
- *M'AME SANS AME,* Poèmes
- *L'ALPHA DE MON INSPIRATION,* Poèmes

CO-AUTEUR DE :

- *L'ÉCHO DES CAYES,* recueil de nouvelles
- *L'AMOUR ET LA PASSION,* collection de poèmes

COMMENTAIRES

Phone : +1 786-659-3961

E-mail : wilsonthelimo@gmail.com

Blog: www.amazon.com/author/thelimo

Site d'internet : www.itiahaiti.org

Tous droits réservés.